Vocabulaire

La Dédicace

Die deutsche Entsprechung der Vokabeln bezieht sich auf den Kontext der Erzählung und entspricht somit nicht immer der Hauptbedeutung.

A

l'**achat** *m.* der Einkauf
accompagner begleiten
l'**accoudoir** *m.* die Armlehne
adresser un mot ein Wort richten
l'**affaire** *f.* das Geschäft
agrippé/e geklammert an
l'**aller-retour** *m.* die Hin- und Rückfahrt
alourdir beschweren
l'**amateur** *m.* der Liebhaber
l'**ambassadeur** *m.* der Botschafter
l'**anchois** *m.* die Sardelle
Angoulême *Stadt in Südwestfrankreich, in der jährlich das „Festival international de la BD" stattfindet*
l'**année** *f.* das Jahr
apercevoir erkennen
apparaître erscheinen

l'**appart** *m.* = l'**appartement**
approcher nahe kommen
l'**arrêt** *m.* die Haltestelle
arriver à gelingen zu
assis/e sitzend
atteindre erreichen
attraper schnappen
au-dessus über
on **aurait dit** man hätte meinen können
il y **aurait** es würde geben
j'**aurais** ich würde haben
authentique echt
à l'**avant** vorne
l'**aventurier** *m.* der Abenteurer
avoir du mal Mühe haben

B

la **barbiche** das Bärtchen
bariolé/e bunt gescheckt
bas/se niedrig
les **bas quartiers** die Unterstadt
en **bataille** zerzaust, verstrubbelt
battre schlagen
le **bec** der Schnabel
le **bon** der Gutschein
bosser schuften

la **boucle** die Schlaufe, die Schnalle
le **bout de cheveu** die Haarspitze
le/la **boulimique** der/die Heißhungrige
briller leuchten, glänzen
le **brin de paille** der Strohhalm
brûlant/e kochend heiß
brusquement plötzlich
le **budget** die Kasse, das Budget
le **buffet** der Geschirrschrank
la **bulle** die (Sprech-)Blase
la **buvette** die Imbisstheke

C

le **cadre** der leitende Angestellte
le **canapé** das Sofa
celui-là der/dieser (da)
centralisé/e zentralisiert
certains manche
ceux die(jenigen)
Chambéry *Stadt in den französischen Alpen, in der ebenfalls jährlich ein Comicfestival stattfindet*
la **chandelle** die Kerze
le **chapiteau** das Zelt
la **charge** die Last
le **cheveu** das Haar
circuler herumstreifen

claquer verjubeln, verschleudern
le **clin d'oeil** das Augenzwinkern
le **coco** Liebling
collant/e klebrig
commun/e gemeinsam
compter vorhaben
le **comptoir** die Theke
conclure abschließen
la **conscience** das Gewissen
considérer betrachten
considérable beträchtlich
je m'en **contrefiche** das ist mir schnurzegal
le **contrôle** Klassenarbeit, Test
converger zusammenströmen
le **coq** der Hahn
correct/e annehmbar
le **costume** der Anzug
à **côté** nebenan
le **côté** die Seite
le **cou** der Hals
la **couette** die Bettdecke
courbé/e gebeugt
le **coussin** das Kissen
craquer knacken
la **crête** der (Irokesen-)Kamm
creuser einziehen

crever un oeil ein Auge ausstechen

D

déballer auspacken

débarquer keine Ahnung haben

déclarer ausrufen, erklären

décoller aufstehen

la **dédicace** die Widmung, die Signierstunde

faire **dédicacer** mit einer Widmung versehen lassen

mal **défini/e** unklar

défoncé/e abgenutzt

démarrer losfahren

le **départ** die Abfahrt

courir comme un **dératé** wie ein Wilder laufen

dès ab, von ... an

le **désert** die Wüste

dessus über

le **détour** der Umweg

le **deux-pièces** die Zweizimmerwohnung

dévaler herunterrennen

se **diriger** sich wenden

dis donc sag mal

disparaître verschwinden

se **disperser** auseinander gehen

distinguer erkennen

la **dizaine** ungefähr zehn

le **doigt** der Finger
sans **doute** wahrscheinlich
dresser errichten, aufbauen
se **dresser** sich erheben
avoir **droit à** ein Recht haben auf

E

écarter zur Seite rücken
éclairé/e aufgeklärt, gut informiert
l'**édition** *f.* **originale** die Erstausgabe
égorger schlachten
emporter mitnehmen
s'**enchaîner** sich ineinander fügen
l'**encre** *f.* **de Chine** die Tusche
entamé/e vorangeschritten
en **entendre de belles** etwas zu hören kriegen
entrevoir flüchtig sehen
envahir einnehmen
l'**enveloppe** *f.* der (Brief-)Umschlag
envoyer un clin d'oeil zuzwinkern
s'**épaissir** dicker werden
s'**éparpiller** sich zerstreuen
l'**épaule** *f.* die Schulter
l'**épingle** à **linge** *f.* die Wäscheklammer
l'**épou**se *f.* die Ehefrau
éteindre ausmachen

s’**étirer** sich erstrecken
étonner erstaunen
étouffé/e unterdrückt
étrangement seltsamerweise
l’**être** *m.* das Wesen
étudier studieren
s’**évanouir** ohnmächtig werden
ses **évidences** *f.* seine Wahrheiten
évoquer erwähnen
excité/e en diable total aufgeregt
extraordinaire außergewöhnlich

F
j’ai **failli** ich hätte beinahe
faire la queue Schlange stehen
le **fanzine** das Fanmagazin
se **faufiler** sich einschmuggeln
fausser compagnie stehen lassen
le **fauteuil** der Sessel
on **fera** wir werden machen
feuilleter durchblättern
le/la **fidèle** der/die treue Anhängerin
la **figurine** die kleine Figur
la **file** die Schlange, die Reihe
la **file (d’attente)** die (Warte-)Schlange
filer losrasen

flotter schweben
la **foule** die Menge
le **front** die Stirn
la **fumée** der Rauch

G

le **gars** der Kerl
Gaston = Gaston Lagaffe *Comic-Held*
le **genou** das Knie
se **glisser** schlüpfen
grandeur nature in Lebensgröße
gravir hinaufsteigen
grignoter knabbern
le **look grunge** *Kleidungsstil der Fans von „Nirvana" und „Pearl Jam" (zerrissene Jeans und Baumwollhemden)*
la **gueule** das Maul

H

s'**habituer** sich gewöhnen
héberger beherbergen
en **herbe** Nachwuchs-
l'**huître** *f.* die Auster

I

illico sofort
imposer einflößen

impressionner beeindrucken
inconditionnel/le bedingungslos
l'**Indien** *m.* der Indianer
inédit/e noch nicht dagewesen
inscrit/e aufgedruckt
s'**installer** sich hinsetzen
insuffisant/e nicht ausreichend
l'**intérieur** *m.* das Innere
invisible unsichtbar

J

joncher verstreut liegen

L

lâcher von sich geben
lâcher prise aufgeben
là-dedans dadrin, drinnen
là-dessous darunter
laisser passer sich entgehen lassen
lancer ausrufen
le **lecteur** der Leser
le **lendemain** der folgende Tag
le **lieu** der Ort
localiser entdecken
louper danebengehen
lourd/e de schwer von

Lucky Luke *Comic-Held*
la **lumière** das Licht

M

machinalement ohne nachzudenken
malgré trotz
la **manche** der Ärmel
le/la **maniaque** der/die Fanatiker/in
manquer fehlen; verpassen
le **manteau** der Mantel
la **marge** der (Seiten-)Rand
avoir de la **marge** Spielraum/Luft haben
le **mariage** die Hochzeit
Marineland *Erlebnispark in Antibes (Côte d'Azur)*
marmonner brummeln
marrant/e komisch, lustig
se **matérialiser** Gestalt annehmen
maternel/le mütterlich
matinal/e morgendlich
le **mien** meine/r/s
la **miette** der Krümel
au **milieu de** mitten in
le **moral** die Stimmung
les **moustaches** *f.* der Schnurrbart
la **multitude** die Vielzahl
le **mur** die Mauer

N

neuf/-ve neu
le **nez** die Nase
avoir du **nez** einen guten Riecher haben
le **nuage** die Wolke
la **nuit blanche** die Nacht ohne Schlaf

O

obligé/e gezwungen
l'**oignon** *m.* die Zwiebel
l'**ombre** *f.* der Schatten
original/e originell

P

la **paille** das Stroh
paisiblement friedlich, ruhig
en **paix** in Frieden/Ruhe
papoter quatschen
par dessus über
pardonner verzeihen
particulier/-ière besondere/r/s
patienter geduldig warten
le **paysage** die Landschaft
la **peine** die Mühe
pour sa **peine** als Trost, zur Entschädigung
se **pencher** sich neigen, sich beugen

pendre hängen
pénétrer betreten
la **pente** die Steigung, der Hang
perché/e sur sitzend auf
perdre des points an Ansehen verlieren
perso persönlich, pro Person
la **pièce montée** die (mehrstöckige) Torte
la **pile** der Stapel; die Batterie
piquer du nez einnicken
piqueté/e durchzogen von
le **plafond** die (Zimmer-)Decke
plein/e de voll mit
en **plein Paris** mitten in Paris
plonger tauchen
plusieurs mehrere
la **pointe** die Spitze
la **pose** die Haltung
le **poste** der Ghettoblaster
le **pote** der Kumpel
le **pouf** das Sitzkissen
avoir le vent en **poupe** Rückenwind haben
je **pourrais** ich könnte
tu **pourras** du wirst können
pousser un cri einen Schrei ausstoßen
précautionneux/-euse vorsichtig
précédent/e vorige/r/s

pressé/e ungeduldig
presser le pas den Schritt beschleunigen
prêt/e bereit
prévenir warnen
en **principe** im Grunde
prochain/e nächste/r/s
promis! versprochen!
puer stinken

R

se **rappeler** sich erinnern
se **rapprocher** näher kommen
rassurer beruhigen
rebondir hochspringen
reconnaître (wieder)erkennen
recouvert/e bedeckt
rejoindre treffen
remuer umrühren
rempli/e de angefüllt mit
rendre zurückgeben
se **rendre compte** klar werden
repérer erkunden; ausfindig machen
représenter darstellen
résigné/e dem Schicksal ergeben
la **résine** das Kunstharz
ressembler ähneln

réussi/e gelungen
le **rire** das Lachen
risquer Gefahr laufen
le **royaume** das Königreich
le **rush** der Andrang

S

sacré/e verdammt; heilig
la **salive** der Speichel
saper verderben
le **sapin** der Tannenbaum
satisfaire zufriedenstellen
sauter springen
sautiller hüpfen
le **Schtroumpf** der Schlumpf
sentir riechen; fühlen
tu **seras** du wirst sein
serrer zusammendrücken
se **situer** sich befinden
le **sol** der Fußboden
la **somme** die Summe
somnoler dösen
soudain plötzlich
souffler flüstern
souhaiter wünschen
soulever hochheben

soupirer seufzen
sourire lächeln
squatter chez pennen bei
il me fait **suer** er nervt mich
suivre folgen
superbe prächtig

T

tant mieux umso besser
la **tata** *Kosewort für Tante*
tâtonner herumtasten
tendre reichen
tendre le cou den Hals recken
tenir durchhalten
tenir à Wert legen auf
Thorgal *Comic-Held*
Tintin (et Milou) Tim (und Struppi)
timbré/e verrückt nach
le **tirage** die Auflage, die Ausführung
tirer (par la manche) (am Ärmel) ziehen
tirer la langue die Zunge herausstrecken
tomber en arrêt stehen bleiben
avant mon **tour** bevor ich an der Reihe war
tousser husten
traiter de tous les noms heftig beschimpfen
tranquillement in Ruhe

transformer verwandeln
la **tresse** der (Rasta-)Zopf
la **tribu** der Stamm
le **trou** das Loch
la **trouvaille** das Schnäppchen
il **trouverait** er würde finden

V

ça **vaut pas** das ist nicht so gut wie
la **veille** am Vorabend
la mettre en **veilleuse** die Klappe halten
vendre verkaufen
se **vexer** sich aufregen, sich ärgern
la **vitre** die (Fenster-)Scheibe
volontiers gerne
je ne lui en **voulais plus** ich war ihm nicht mehr böse